COMUNICARE EFFICACEMENTE SUL LAVORO   **4**

L'ABC DEL CAMPIONE DI COMUNICAZIONE AZIENDALE   6

I principi della comunicazione   6
La comunicazione nel mondo degli affari   8
Adattare il proprio atteggiamento   11

I MIGLIORI CONSIGLI   14

FAQ   18

A cosa devo prestare attenzione quando comunico con i miei colleghi?   18
Che tipo di comunicazione posso trovare in azienda?   18
Come posso comunicare con il mio superiore?   19
Come posso rendere efficaci le mie riunioni?   19
Come evitare pettegolezzi e giochi di potere?   20
Qual è lo scopo delle valutazioni e dei feedback?   21
Devo comunicare in modo diverso se sono una donna?   21
Come posso ripristinare la comunicazione all'interno del mio team?   22

DIPENDE DA VOI   24

Affermare sé stessi   24
Ripristinare la fiducia nel team   24

PER APPROFONDIMENTI   26

Fonti bibliografiche   26
Fonti aggiuntive   27
Video   27

COMUNICARE EFFICACEMENTE SUL LAVORO

- **Il problema:** come sviluppare una comunicazione sana e chiara in azienda?

- **Perché è importante:** una buona comunicazione in azienda è necessaria per motivare e migliorare l'efficienza dei dipendenti, per risolvere i conflitti e per mantenere relazioni commerciali armoniose.

- **Contesto professionale:** relazioni professionali, comunicazione professionale, risorse umane.

- **FAQ :**

  - A cosa devo prestare attenzione quando comunico con i miei colleghi?

  - Che tipo di comunicazione posso trovare in azienda?

  - Come posso comunicare con il mio superiore?

  - Come posso rendere efficaci le mie riunioni?

  - Come evitare pettegolezzi e giochi di potere?

  - Qual è lo scopo delle valutazioni e dei feedback?

  - Devo comunicare in modo diverso se sono una donna?

  - Come posso ripristinare la comunicazione all'interno del mio team?

La comunicazione è essenziale per il buon funzionamento di qualsiasi azienda, ma può essere fonte di incomprensioni e persino di conflitti, creando un'atmosfera dannosa per il benessere e l'efficienza dei dipendenti. Voci, insinuazioni, parole non dette: non è raro imbattersi in situazioni del genere nel corso della nostra vita lavorativa, quindi analizziamo da vicino questo fenomeno.

Come fare per promuovere scambi efficaci e sani che rispettino e motivino i dipendenti? Mentre i modelli precedenti sommergevano di informazioni i principali stakeholder senza tenere conto dell'elemento umano, le aziende di oggi sviluppano sempre più strategie che promuovono e alimentano una comunicazione tollerante, disponibile ed efficace. La creazione di un tale processo, tuttavia, richiede tempo e il rispetto di alcuni principi. In 50 minuti, metteremo in luce i diversi aspetti della comunicazione interna e gli ostacoli che si possono incontrare all'interno di un'azienda e suggeriremo soluzioni per trasmettere con successo messaggi chiari ed efficaci al fine di migliorare le relazioni professionali.

L'ABC DEL CAMPIONE DI COMUNICAZIONE AZIENDALE

I PRINCIPI DELLA COMUNICAZIONE

Gli elementi di una comunicazione

Tutte le comunicazioni hanno tre elementi principali: un mittente, un messaggio e un destinatario. Partendo da questo schema classico, esamineremo le caratteristiche essenziali degli scambi tra colleghi, team e superiori.

Gli esempi riportati nella tabella precedente non sono esaustivi, ma potrebbero ricordarvi colleghi o situazioni che avete vissuto. Affinché i vostri messaggi siano ascoltati e compresi, parlare non è sufficiente: dovrete comunicare, cioè entrare in contatto con l'altra persona. Durante questi scambi relazionali, chiamati anche "transazioni" da Eric Berne (psichiatra americano, fondatore dell'analisi transazionale, 1910-1970), creiamo ruoli intercambiabili. Secondo Berne, tutti noi rispondiamo a tre "stati dell'Io" - Adulto, Genitore e Bambino - e ci destreggiamo tra di essi a seconda dello scambio e della posizione assunta dal nostro interlocutore. Inoltre, i parlanti possono cambiare ruolo durante la stessa conversazione, a seconda delle loro emozioni e dell'argomento trattato.

Comunicazione non verbale

Il successo della nostra comunicazione non dipende solo dalle parole (scritte o parlate): anche il linguaggio non verbale gioca un ruolo importante. Secondo Albert Mehrabian (professore di psicologia, nato nel 1939), sembra che quest'ultimo linguaggio sia il più comunicativo.

Siate consapevoli degli elementi del linguaggio non verbale in modo da poter controllare le informazioni che trasmettete.

CONSULENZA D'IMMAGINE

La consulenza d'immagine è una pratica di moda, soprattutto grazie ai programmi di *makeover*, che vi può aiutare a migliorare il vostro aspetto e ad affermarvi scegliendo un abbigliamento adatto alla vostra corporatura, alla vostra carnagione e alla vostra personalità. L'immagine che proiettate è importante quanto le vostre parole. Sentirsi appagati nel proprio corpo aiuta ad acquisire fiducia in sé stessi, che si traduce in una certa facilità nell'esprimersi.

Comunicazione verbale

Sebbene rappresenti solo il 7% della nostra comunicazione, il linguaggio verbale è la base dell'informazione dell'adulto, per usare il modello di Berne. Basando la vostra comunicazione su informazioni oggettive, otterrete chiarezza. Per comunicare in modo efficace, considerate i seguenti suggerimenti:

- Comunicare significa impegnarsi, coinvolgersi. Esprimetevi iniziando le frasi con "io": "io penso", "io suggerisco", "io propongo", ecc. In questo modo, si esprimono i propri sentimenti e le proprie idee senza incriminare l'altra persona e senza basarsi su dicerie. Ad esempio, dite "sono oberato di lavoro" piuttosto che "non prestate attenzione al mio carico di lavoro";

- Se non capite un'informazione, chiedete subito un chiarimento per evitare dubbi o malintesi;

- La tecnologia più avanzata non migliora necessariamente la comunicazione. Assicuratevi quindi di curare le vostre e-mail e i vostri scritti commerciali durante lo scambio. Usate un linguaggio educato, siate brevi e diretti al punto, ecc.;

- Siate assertivi quando necessario. Se qualcuno vi interrompe, non esitate a chiedergli perché vi sta interrompendo e a fargli notare che stavate parlando;

- Allo stesso modo, quando qualcuno vi parla, ascoltatelo con attenzione, senza interromperlo, e rimanete concentrati;

- Adattate il vostro vocabolario all'interlocutore in modo che capisca ciò che dite.

LA COMUNICAZIONE NEL MONDO DEGLI AFFARI

Perché merita tutta la nostra attenzione?

Una buona comunicazione interna è alla base di qualsiasi azienda di successo. Serve, tra l'altro, a :

- assicurarsi che gli obiettivi e le istruzioni siano compresi;

- raggruppare i dipendenti attorno a un progetto;

- coinvolgerli nella cultura aziendale;

- motivare i dipendenti ;

- risolvere i conflitti;

- garantire relazioni equilibrate e piacevoli;

- creare un'atmosfera amichevole.

Comunicazione formale

La comunicazione formale si riferisce a tutti gli scambi formali tra gli individui di un'organizzazione. Essa può essere:

- di scrittura professionale come e-mail, memo o verbali di riunioni che, con il tempo e le nuove tecnologie, possono variare completamente. Vale la pena notare che alcune aziende sono più consapevoli delle loro responsabilità come parte della comunità e preferiscono i messaggi elettronici alle comunicazioni cartacee. Altri, invece, non hanno ancora investito nei sistemi informatici e preferiscono le versioni stampate;

- scambi orali come riunioni, feedback e colloqui.

IL MANAGER COME DIRETTORE D'ORCHESTRA

Recentemente, nelle aziende è apparso un nuovo metodo di gestione: l'MBWA (*Managing By Wandering Around*). Invece di concentrarsi su rapporti e riunioni, il manager si prende il tempo di parlare con i membri del proprio team e si avvicina alla loro vita quotidiana. Questa vicinanza li aiuta a verificare che il team aderisca alle istruzioni e comprenda le decisioni, per garantire che gli strumenti di comunicazione interna funzionino correttamente e identificare le aree di miglioramento, raccogliere le opinioni dei dipendenti e anche a congratularsi e motivare le risorse. Andando ad ascoltarli, il manager rafforza indirettamente l'efficacia della comunicazione formale.

Il mezzo e lo scopo di ciascuno di questi scambi sono determinati dal mittente del messaggio in base ai concetti discussi in precedenza. Ad esempio, un capo poco disponibile comunicherà principalmente via e-mail attraverso i suoi manager per trasmettere istruzioni o direttamente ai propri dipendenti per mantenere i contatti con loro. Anche in questo caso, il modo in cui le informazioni vengono diffuse dipende dalla filosofia di lavoro e dalla cultura dell'azienda.

Comunicazione informale

La comunicazione informale si riferisce a tutti gli scambi non ufficiali che avvengono sul posto di lavoro, ma che non riguardano necessariamente questioni legate al lavoro. Può trattarsi di discussioni intorno alla macchina del caffè, tra due uffici, durante il pranzo, nel corso di una pausa sigaretta, ecc. Alcuni dirigenti diffidano da questo tipo di comunicazione perché è spontanea, libera da ogni norma e trasmette informazioni spesso non verificate (voci, pettegolezzi, ecc.) che possono generare conflitti e disagi. Proprio come la comunicazione scritta, può essere realizzata attraverso diversi supporti, scritti (e-mail, post-it) o orali, e presenta diversi vantaggi:

. offre uno status e soddisfa il bisogno di riconoscimento e di appartenenza al gruppo;

. promuove la condivisione di valori sociali e culturali all'interno di un gruppo;

. incoraggia la collaborazione creando legami tra i dipendenti.

Non ci sono regole da seguire né istruzioni magiche. Seguite, quindi, i principi della buona educazione per sviluppare e mantenere rapporti di lavoro sani e produttivi.

ADATTARE IL PROPRIO ATTEGGIAMENTO

Qualunque sia il tipo di comunicazione, l'atteggiamento che adottiamo è decisivo e condiziona il corso dello scambio. Secondo Eric Berne, esistono tre stati, che corrispondono a comportamenti specifici:

. **(P) il genitore** che imita la figura genitoriale autorevole e premurosa;

- **(A) l'adulto** che si occupa dell'aspetto fattuale delle cose, delle informazioni logiche e razionali, qui e ora;

- **(E) il bambino** che si riferisce alle esperienze e ai ricordi della nostra infanzia.

La tabella seguente fornisce i dettagli necessari a comprendere la complessità di questi rapporti.

Per mantenere scambi costruttivi e appropriati all'interno dell'azienda, le transazioni (o gli scambi) devono essere complementari, cioè da adulto ad adulto o da genitore a figlio.

Attenzione, se le transazioni si incrociano, si possono creare conflitti.

> **Ad esempio:**
>
> - *"A che ora arriva?" (Adulto)*
>
> - *"Dovresti saperlo!" (genitore)*

In questo tipo di transazione, l'equilibrio non viene rispettato perché una delle due parti viene trattata come un bambino, mentre si stava posizionando come un adulto.

> **Esempio di risposta in uno scambio adulto-adulto:**
>
> *"Arriva alle 10.30. Mi infastidisce che non conserviate questo tipo di informazioni, perché ho l'impressione che non prendiate sul serio questo incontro". (Adulto)*

Fate attenzione a questi spostamenti, perché spesso i giochi di potere avvengono all'insaputa dei partecipanti, hanno effetti negativi sulla produttività dell'azienda e generano risentimento all'interno del team. Quando interagite con i vostri colleghi o superiori, tutte le vostre comunicazioni rivelano il vostro stato.

Per uscire da giochi relazionali spiacevoli, l'analisi transazionale offre buone soluzioni invitando ad adottare lo stato più appropriato a seconda della situazione. Ad esempio, se vi comportate come un "genitore normativo" con tutti, è logico che questo crei tensioni tra i colleghi. Se volete ottenere risultati dai dipendenti, assicuratevi di agire come un "adulto" fornendo istruzioni concrete (quando, dove, a chi, ecc.). Se volete trattare i vostri colleghi in modo professionale (cioè da adulti), fatelo. Per alcuni scambi informali, in cui è richiesta benevolenza (Parent), adottate un comportamento più empatico e caloroso nelle parole e nell'atteggiamento. Ad esempio, se il vostro collaboratore è molto demotivato sul lavoro, ma non lo ammette, piuttosto che accettare la sua negazione o costringerlo a parlare, concentratevi sul vostro obiettivo: vederci più chiaro per migliorare la situazione lavorativa. Per farlo, mettetevi nello stato che ritenete opportuno. Genitore autoritario e normativo? Un adulto neutrale e razionale? Forse dovreste provare il genitore accogliente e premuroso.

I MIGLIORI CONSIGLI

- **Esprimetevi usando il pronome "io".** Questo dimostra il vostro coinvolgimento nella conversazione e la vostra presa di posizione. Usate la forma positiva piuttosto che quella negativa. Per esempio, dire "Ti ricordi che abbiamo una riunione domani?" piuttosto che "Ti sei ricordato della riunione di domani mattina?

- **Utilizzate un linguaggio cordiale del corpo** per mettere l'interlocutore a proprio agio. Eliminate il più possibile i tic comportamentali che tradiscono nervosismo, disagio o rabbia (gesticolare nervosamente, nascondere le mani in tasca, mangiarsi le unghie, ecc.) L'interlocutore si concentrerà quindi su ciò che state dicendo e non sul vostro linguaggio del corpo.

- **Controllate le emozioni.** Qualunque sia la situazione (feedback negativo, commenti sgradevoli di un collega, ecc.), non siate aggressivi o sulla difensiva, perché questo non porterà a una soluzione sana. Fate un passo indietro, cercate di capire l'altra persona e, se necessario, spiegate con calma ciò che non vi piace per allentare la tensione.

- **Costruite relazioni di fiducia** intorno a voi. Agite in modo premuroso per incoraggiare i vostri colleghi a fare lo stesso. In questo senso, esprimetevi contro e condannate qualsiasi comportamento abusivo, sessista, razzista o umiliante. Questi atteggiamenti sono intollerabili in qualsiasi comunità e possono portare alle dimissioni o addirittura al burnout di alcuni dipendenti.

. **Adattatevi all'interlocutore.** Prestate attenzione al suo linguaggio verbale e corporeo. Se è tattile, abbracciatelo; se è visivo, visualizzate il vostro discorso con esempi concreti; se è uditivo, preferite la comunicazione orale a quella scritta, ecc. Inoltre, modificate il modo in cui vi esprimete a seconda che vi stiate rivolgendo al vostro superiore o al vostro collega.

. **Organizzate giornate di porte aperte interne** per incoraggiare lo scambio e rafforzare la collaborazione tra i dipartimenti. Mostrate ai vostri colleghi come funzionano le cose all'interno, in modo che tutti siano consapevoli dei processi e dei ruoli di ciascun reparto. In questo modo, si ridurranno notevolmente le incomprensioni e i disallineamenti.

. **Sviluppate una rete interna**. Essa rappresenta un'interessante e vantaggiosa banca di informazioni e conoscenze per l'intera azienda. Invita i dipendenti a scambiarsi informazioni su aspetti specifici di volta in volta (piuttosto che su contenuti generali che nessuno consulta). Ad esempio, un reparto potrebbe creare un diario che descriva la sua attività quotidiana, il che faciliterà notevolmente il lavoro del reparto incaricato di prendere in carico la pratica nel prossimo futuro. Potete anche creare un social network aziendale. Basato sui modelli dei classici social network, offre ai dipendenti la possibilità di scambiare, pubblicare e comunicare rapidamente tra loro. Questo rafforzerà la loro coesione.

- **Stabilite orari specifici per comunicare,** in modo da non disturbare e distrarre le persone in qualsiasi momento della giornata. Organizzate briefing e colloqui se avete bisogno di tempo con la persona interessata. Non dimenticate di informarli per tempo di ciò che sta accadendo. Se si tratta solo di un dettaglio da trasmettere, cercate di parlarne davanti a un caffè o durante la pausa pranzo.

- **Scegliete incontri di gruppo o individuali** a seconda del tipo di informazioni da fornire. Se dovete correggere un dipendente per un comportamento inappropriato, non è necessario invitare tutta l'azienda. Dopo le riunioni del team, mettete a disposizione il verbale delle decisioni prese per informare gli interessati (presenti o assenti).

- **Creare un'area relax** per favorire gli scambi informali. Questo migliorerà i rapporti di lavoro e l'atmosfera all'interno del team. Qui si possono tenere anche le riunioni più brevi o informali.

👁 RELAZIONI ALTRUISTICHE

Matthieu Ricard, dottore in biologia diventato buddista, sostiene l'altruismo come fattore di successo negli affari. Secondo lui, l'uomo è naturalmente rivolto agli altri, non a sé stesso. In questo senso, le statistiche dell'OCSE (Organizzazione per la Cooperazione e lo Sviluppo Economico) stabiliscono che il primo criterio di felicità è, di gran lunga, la qualità delle relazioni. La loro ricerca dimostra che una buona comunicazione si basa sull'altruismo e su interazioni sane con i colleghi. Secondo Ricard, la pratica della meditazione potrebbe diventare uno strumento per il team building, in quanto incoraggia la cooperazione e l'armonia duratura e promuove lo sviluppo di un ambiente sano e attento. Oggi, alcune aziende creano spazi di relax e invitano i propri dipendenti a meditare da soli o con altri per migliorare le relazioni e, quindi, la comunicazione.

FAQ

A COSA DEVO PRESTARE ATTENZIONE QUANDO COMUNICO CON I MIEI COLLEGHI?

Ci sono molti aspetti da considerare: i gesti, l'atteggiamento, l'aspetto, il flusso della voce e le parole usate. Creando un insieme armonioso, invierete messaggi chiari e diretti. Inoltre, prestate attenzione all'interlocutore, guardatelo negli occhi e ascoltatelo. Concentratevi su ciò che dice e sul suo linguaggio del corpo. Se non capite qualcosa, chiedete ulteriori spiegazioni. Se percepite che c'è un'emozione dietro quello che dice, parlatene in modo amichevole: l'obiettivo non è quello di giocare allo psicologo, ma di incoraggiare una comunicazione franca e onesta tra colleghi.

CHE TIPO DI COMUNICAZIONE POSSO TROVARE IN AZIENDA?

I tipi di comunicazione e i mezzi di comunicazione utilizzati variano a seconda delle dimensioni dell'organizzazione in cui si lavora e della cultura aziendale. In generale, tuttavia, è necessario avere conoscenze informatiche, poiché la posta elettronica, la rete intranet e le videoconferenze sono gli strumenti di comunicazione più comuni. Naturalmente, c'è anche la comunicazione verbale, orale, attraverso riunioni, feedback e colloqui, per non parlare degli scambi informali alla macchinetta del caffè.

COME POSSO COMUNICARE CON IL MIO SUPERIORE?

A seconda della filosofia e del funzionamento interno dell'azienda, potreste non avere mai contatti con il grande capo. Pertanto, il vostro superiore sarà un manager che rispetterà gli standard della politica interna dell'azienda. Se volete incoraggiare la collaborazione, durante il colloquio scoprite chi sarà il vostro superiore, in modo da stabilire chiaramente i ruoli. In ogni scambio, lasciate che il vostro manager si esprima nel modo in cui preferisce comunicare e nel tono che preferisce (familiare, freddo, diretto, ecc.) e adattatevi al suo atteggiamento. Per precauzione, iniziate con gentilezza e mantenete una certa distanza professionale, almeno finché non lo conoscerete meglio.

COME POSSO RENDERE EFFICACI LE MIE RIUNIONI?

Non confermate la vostra partecipazione a una riunione se non conoscete l'ordine del giorno. Chiedete maggiori informazioni sull'argomento e sul problema. In questo modo, arriverete preparati o, se necessario, avviserete della vostra assenza. Se tutti i dipendenti sono tenuti a partecipare, ma spesso si ha la sensazione che il tempo sia stato sprecato, suggerite incontri individuali o con le persone direttamente coinvolte. Questo è importante per l'efficienza e la motivazione di tutti.

COME EVITARE PETTEGOLEZZI E GIOCHI DI POTERE?

Le voci possono rivelare le disfunzioni dell'azienda. La comunicazione interna cerca di evitarli rimanendo in contatto con i dipendenti e scoprendo cosa alimenta paure, rancori o frustrazioni. Per aiutarvi a individuare i problemi, analizzate i seguenti quattro punti della vostra azienda:

- la qualità della collaborazione, vale a dire l'ascolto, il rispetto del quadro di riferimento, l'intervento e il dibattito;

- impegno, cioè il clima benevolo, la coesione del team, l'eliminazione della paura del confronto;

- gestione dell'energia. Gestita in modo misurato, la leadership del manager non prevarica i team;

- Risoluzione dei conflitti, ossia vedere il conflitto come un momento produttivo, distinguere la persona dal problema, fornire soluzioni o incoraggiare il compromesso.

Una comunicazione aperta ed efficace non può esistere in un clima maligno in cui tutti temono le parole non dette e le tensioni interpersonali. In un ambiente in cui questi rischi sono mitigati e in cui la maturità del team permette a ciascuno di sfruttare il proprio potenziale (sbagliando, ponendo domande, cercando contraddizioni nel dibattito per migliorare il proprio lavoro, ecc.), l'azienda trova nei propri dipendenti una solidarietà produttiva la cui intelligenza è alimentata dal team.

QUAL È LO SCOPO DELLE VALUTAZIONI E DEI FEEDBACK?

Le valutazioni e i feedback sono momenti speciali da discutere con i superiori o, al contrario, con i subordinati. Pertanto, non esitate a chiedere gli argomenti da trattare per prepararvi. Le valutazioni sono un'occasione per comunicare desideri, risultati, idee, ma anche difficoltà incontrate. Se venite convocati a una riunione di questo tipo, preparate un dossier con i vostri suggerimenti in modo professionale, in modo da poterne informare i vostri superiori. Durante una sessione di feedback, quest'ultimo vi darà un riscontro sulle vostre capacità e attitudini. Ascoltate con calma, non prendetela come una critica, ma come un'opportunità per migliorare.

DEVO COMUNICARE IN MODO DIVERSO SE SONO UNA DONNA?

Alcuni uomini non esitano a sminuire le donne, sostenendo false convinzioni (le donne sono emotive, più deboli, meno capaci di gestire lo stress, ecc.) Per aumentare la fiducia in voi stesse come donne, ispiratevi a tecniche esperte, come le posizioni di forza di Amy Cuddy, che lavorano sul subconscio. Ridicolizzate questi commenti sessisti e non esitate a contattare gli organi di rappresentanza se non vengono prese sanzioni o decisioni per fermare questi comportamenti. Le parti sociali (sindacati, comitati aziendali, ecc.) possono proporre misure adeguate a ripristinare un clima sereno e civile nella comunicazione aziendale.

In una conferenza intitolata "Your Body Language Shapes Who You Are", la psicologa americana Amy Cuddy spiega che cambiare la propria postura abbia un impatto positivo sulla percezione che gli altri hanno di noi, ma soprattutto sulla percezione che abbiamo di noi stessi. Dopo aver condotto semplici esperimenti di atteggiamento di due minuti, la Cuddy dimostra che il linguaggio del corpo influisce sui livelli di testosterone, sulla tolleranza al rischio e sui livelli di cortisolo. Questi cambiamenti ormonali dirigono il cervello e ci portano a reagire con un senso di potenza o di stress. La Cuddy suggerisce quindi di imitare le posture che ci mettono in una posizione di forza e alimentano la nostra fiducia: mani sui fianchi, busto piegato in avanti, schiena dritta, ecc. Applicate questo consiglio il più spesso possibile, ripetendo queste posture o quelle di colleghi sicuri di sé finché non vi sentirete più sicuri.

COME POSSO RIPRISTINARE LA COMUNICAZIONE ALL'INTERNO DEL MIO TEAM?

Il team building è una soluzione efficace per ripristinare una comunicazione sana nelle aziende. Affinché sia pertinente, organizzatela intorno ad argomenti correlati al vostro problema (risoluzione dei conflitti, dinamiche di gruppo, comunicazione di squadra, ecc.) Utilizzate un facilitatore esterno all'azienda in modo che tutti, compreso il manager, possano beneficiare del workshop. È importante che il leader del gruppo dia l'esempio e che tutti i membri dell'azienda partecipino al processo.

DIPENDE DA VOI

AFFERMARE SÉ STESSI

Mettetevi davanti allo specchio e date le vostre impressioni su:

- il vostro codice di abbigliamento;

- il modo in cui salutate;

- il tono della vostra voce.

Pensate ora a un collega sicuro di sé e a suo agio e analizzate le differenze tra il suo atteggiamento e il vostro. Il suo modo di parlare è in linea con il suo stile e la sua personalità? È morbido, veloce, efficiente, comprensivo? La vostra espressione è coerente con il vostro temperamento? Correggete gli elementi in base alle vostre risposte.

RIPRISTINARE LA FIDUCIA NEL TEAM

Se avete la sensazione che i giochi di potere o le parole non dette rendano difficile l'atmosfera nel vostro team e rallentino i progetti aziendali, esaminate la situazione. Ponetevi le seguenti domande per capire l'origine dei conflitti. Cercherete di risolverli internamente o con l'aiuto di un coach durante una sessione di team building.

- Come si svolgono i giochi? Le persone coinvolte sono sempre le stesse? Hanno gli stessi ruoli?

- Qualcuno ha mai parlato con loro del loro comportamento? Lo avete fatto personalmente?

- Quale comportamento notate più spesso? Come spiegare all'interessato che il suo atteggiamento è dannoso ("Perché continui a interrompermi?", "Perché sei così aggressivo quando parli? Appesantisce la squadra", ecc.)

- Posizionare gli interlocutori sulla griglia degli stati dell'Io: Genitore (nutritivo o normativo), Adulto, Bambino (sottomesso, ribelle o spontaneo). Quali informazioni ne derivano?

PER APPROFONDIMENTI

FONTI BIBLIOGRAFICHE

BASTIANUTTI (Julie) e PETITBON (Frédéric), *La proximité, une stratégie!* Parigi, Dunod, 2015.

D'ALMEIDA (Nicole) e LIBAERT (Thierry), *La comunicazione interna delle imprese*, Parigi, Dunod, 2010.

Duterne (Claude), *La communication interne en entreprise*, Bruxelles, De Boeck, 2002.

Ghiulamila (Juliette) e LEVET (Pascale), *Les hommes, les femmes et les entreprises: vers quelle égalité?* Parigi, Edizioni L'Harmattan, 2007.

GOLDSTEIN (Mauricio) e REAO (Philippe), *Petits jeux de pouvoir en entreprise. Come identificarli e porvi fine*, Parigi, Pearson, 2012.

"Feromoni, messaggeri biochimici che influenzano il comportamento sessuale e sociale", in *Nutra News*, dicembre 2000, visitato l'8 agosto 2015.

http://www.nutranews.org/sujet.pl?id=684

TERRIER (Claude), "L'analyse transactionnelle", in *Cterrier. com*, settembre 2013, consultato il 9 agosto 2015.

http://www.cterrier.com/cours/communication/32_analyse_transactionnelle.pdf

Tonnelé (Arnaud), *La bibbia del team-building. 55 schede per sviluppare la performance delle squadre*, Parigi, Eyrolles, 2015.

FONTI AGGIUNTIVE

Berne (Éric), *Des jeux et des hommes*, Paris, éditions Stock, 1982.

Schandeler (Firenze), *Come essere chiari nella comunicazione scritta?* Bruxelles, Lemaître Publishing, 2015.

VIDEO

Cuddy (Amy), "Your Body Language Shapes Who You Are", in *Ted*, giugno 2012, visitato l'8 agosto 2015.

http://www.ted.com/talks/amy_cuddy_your_body_language_shapes_who_you_are

Fried (Jason), "Why Work Doesn't Happen at Work", in *Ted*, ottobre 2010, visitato il 9 agosto 2015.

http://www.ted.com/talks/jason_fried_why_work_doesn_t_happen_at_work

Heferman (Margaret), "Dare to Disagree", in *Ted*, agosto 2012, visitato l'8 agosto 2015.

http://www.ted.com/talks/margaret_heffernan_dare_to_disagree

"Il volto decriptato", in *Arte*, Germania, 2011, consultato l'8 agosto 2015.

http://www.arte.tv/guide/fr/043564-000/le-visage-de-crypte

"L'odore del corpo: un mezzo di comunicazione?", in *Youtube*, Germania, 2014, consultato l'8 agosto 2015.

https://www.youtube.com/watch?v=PZQJFcbF_ig

"Non verbale: i gesti che uccidono la vostra credibilità", Francia, 2014, consultato l'8 agosto 2015.

https://www.youtube.com/watch?v=k-s_R4yZEuY

RICARD (Matthieu), "Come lasciare che l'altruismo sia la vostra guida", in *Ted*, ottobre 2014, consultato il 9 agosto 2015.

http://www.ted.com/talks/matthieu_ricard_how_to_let_altruism_be_your_guide

SNEK (Simon), "Perché i buoni leader ti fanno sentire al sicuro", in *Ted*, maggio 2014, consultato l'8 agosto 2015.

http://www.ted.com/talks/simon_sinek_why_good_leaders_make_you_feel_safe

Vogliamo sapere da voi!
Lasciate un commento sulla vostra biblioteca online
e condividete i vostri libri preferiti sui social media!

Master ISBN: 9782808608282
ISBN cartaceo: 9782808609494
Deposito legale: D/2023/12603/134

Design digitale: Primento,
il partner digitale degli editori.